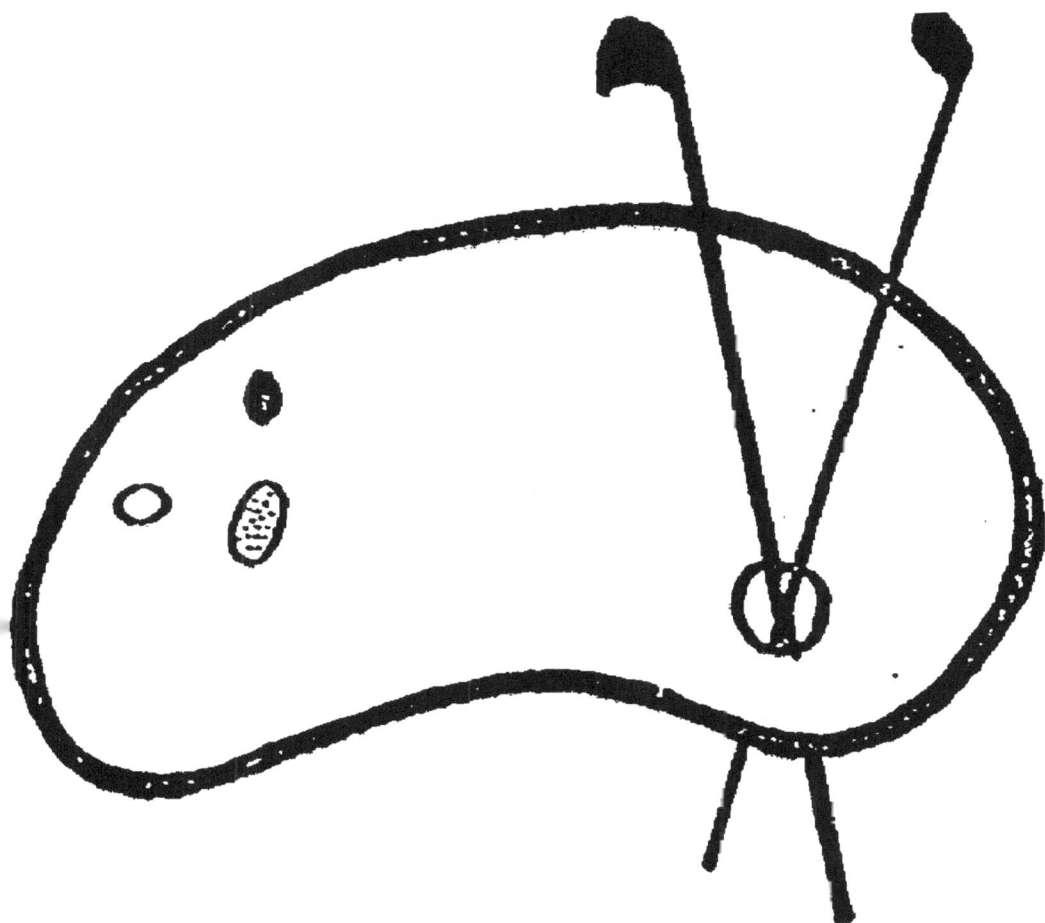

DEBUT D'UNE SERIE DE DOCUMENTS
EN COULEUR

Couverture inférieure manquante

ÉTUDES HISTORIQUES

SUR LE

GENEVOIS, LE CHABLAIS, LE FAUCIGNY

ET SUR

LES CORPS JUDICIAIRES

Relevant de différents Princes dans ces contrées

COMMUNICATION FAITE AU CONGRÈS DE RUMILLY

AOUT 1888

par M. le Chanoine Ducis

ARCHIVISTE DU DÉPARTEMENT DE LA HAUTE-SAVOIE.

RUMILLY

IMPRIMERIE ALEXIS DUCRET

1889.

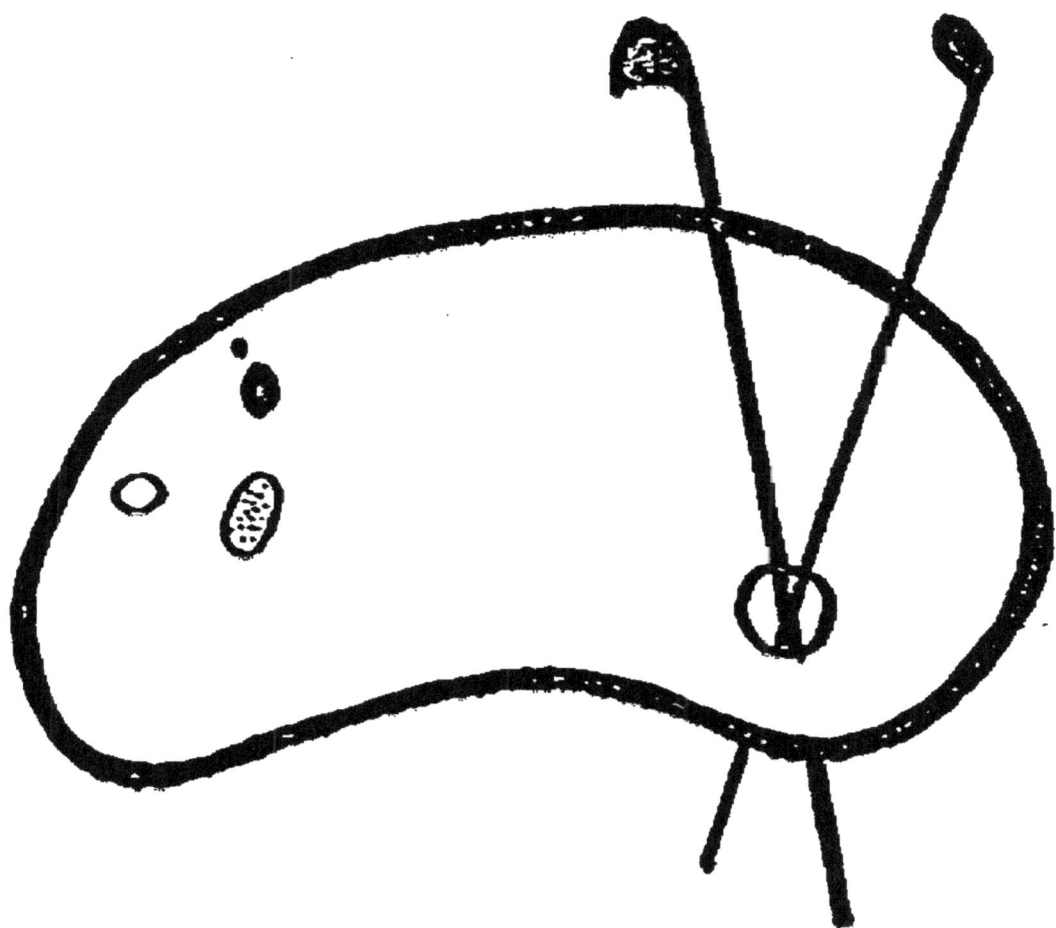

FIN D'UNE SERIE DE DOCUMENTS
EN COULEUR

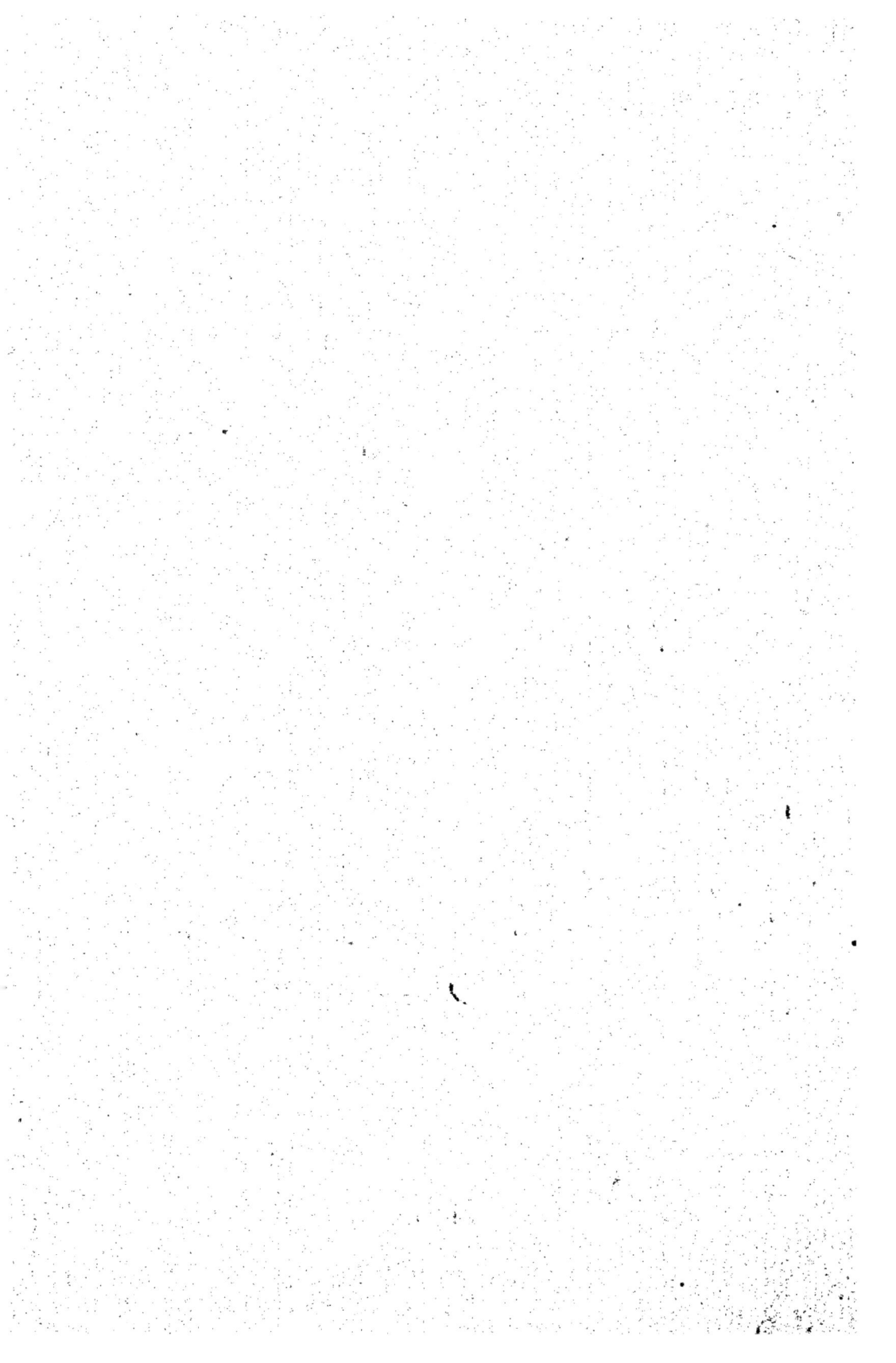

CORPS JUDICIAIRES

Relevant du Comte de Genevois

et du Comte de Savoie

Conflits de Juridictions

———

ÉTUDES HISTORIQUES

SUR LE

GENEVOIS, LE CHABLAIS, LE FAUCIGNY

ET SUR

LES CORPS JUDICIAIRES

Relevant de différents Princes dans ces contrées

Communication faite au Congrès de Rumilly

AOUT 1888

par M. le Chanoine Ducis

Archiviste du département de la Haute-Savoie.

RUMILLY
IMPRIMERIE A. DUCRET
1889

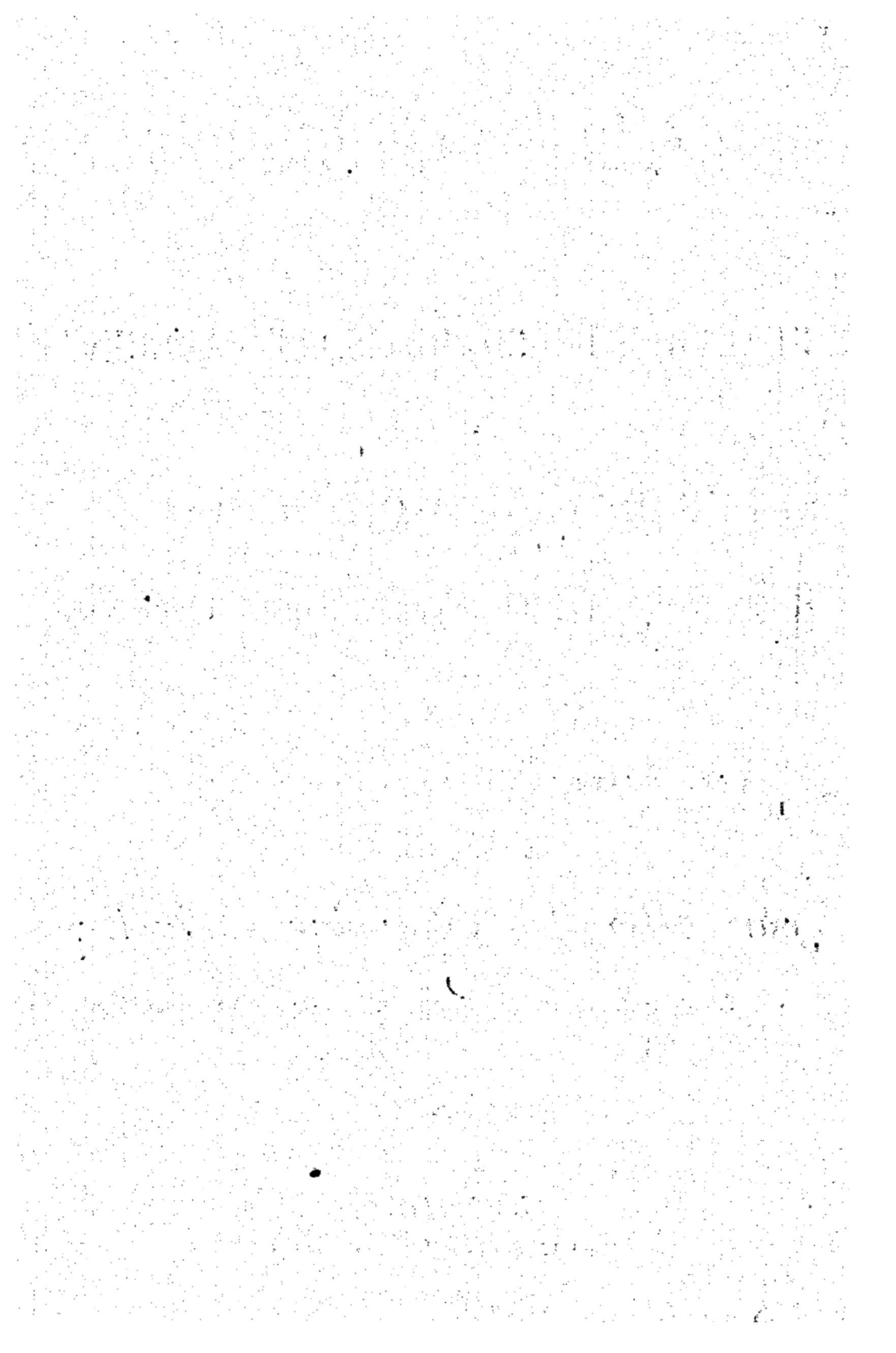

CORPS JUDICIAIRES

RELEVANT DU

Comte de Genevois et du Comte de Savoie

CONFLITS DE JURIDICTIONS.

———

MESSIEURS,

J'ai trouvé depuis quelques années aux Archives départementales des documents établissant qu'il y avait eu à Rumilly, pendant les XIVe et XVe siècles, un juge d'appel pour les causes qui avaient passé par la judicature du Genevois à Annecy. Ce siège judiciaire en dehors de la capitale du Comté m'amena à rechercher quelle importance pouvait avoir eu la ville de Rumilly dans l'ancien comté de Genevois, et à quelle époque remonterait l'établissement du juge d'appel. Ces recherches ont motivé un retour rétrospectif sur les vicissitudes précédentes de ces contrées.

———

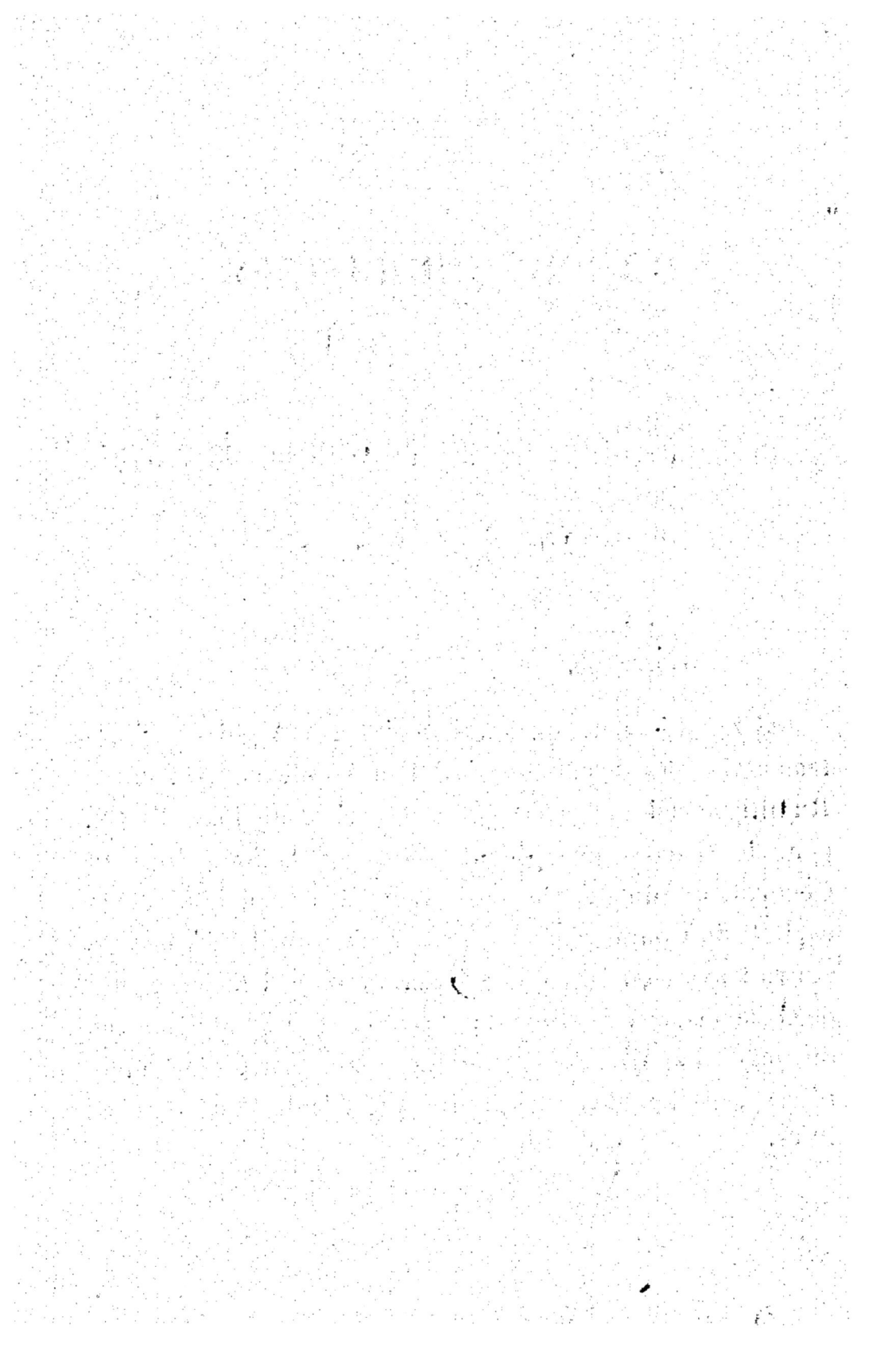

I

On voit que sous le gouvernement romain le pays des Allobroges formait trois *civitates*, Vienne, Cularo et Genève, dont l'étendue territoriale était indiquée par le mot de *pagus*, d'où est venu le mot de pays (1). La *civitas* et le *pagus genavensis* sont connus. Ce grand *pagus* se divisait en d'autres plus petits, *pagi minores*, ayant pour centre un *vicus*. Les inscriptions romaines nous ont révélé les *Vicani albinenses*, les *Vicani Bovis* ou *Botes*, je m'en tiens à ces deux pour le moment. Ces deux *Vici* furent détruits par les hordes allémaniques, ayant à leur tête Chrocus (2). De Mayence et de Metz elles vinrent ravager l'Auvergne, détruisant tous les monuments religieux, payens et chrétiens. C'était dans la seconde moitié du IIIᵉ siècle. Elle passèrent sur les rives gauches du Rhône et remontèrent dans nos contrées, où elles laissèrent tout en ruines. Les nombreux dépôts de monnaies romaines trouvées dans les Bauges et les bassins de Rumilly et surtout d'Annecy, autorisent par leurs dates extrêmes à fixer l'époque de ces désastres à l'année 283 et suivantes (3), alors que Carus succombait en Orient et que ses fils et successeurs Carin et Numérien y combat-

(1) Guerard, *Divisions territoriales de la Gaule.*

(2) Grégoire de Tours, *Hist. franç.* I. 30. *Acta SS.* IV. 433. *Revue des Questions hist.* 1887. Janvier. 40. 41. Tillemont. *Hist. des Empereurs* IV. 38.

(3) *Les Fins, Bautas et Annessy*, 1863. — *Revue savoisienne.* 1862, p. 9. 1867, p. 77. 1871, p. 18. 1875, p. 43.

taient également, ce dernier assassiné par Aper, préfet du Prétoire, qui le fut à son tour par Dioclétien, prétendant à l'Empire. Les Barbares ne rencontrant pas de défense, réduisirent en cendres nos deux *Vici*, ainsi qu'on peut le reconnaitre par l'identité des trouvailles faites à Annecy et à Albens avec celles de l'Auvergne (1).

L'étendue du *Vicus Bovis*, appelé dans les chartes *territorium de Bous*, est assez déterminé aujourd'hui, soit par les découvertes des divers monuments et inscriptions de cette bourgade romaine, soit par les noms des lieux dits conservés dans les chartes les plus anciennes. En dehors de ce territoire nous trouvons deux anciennes paroisses, dont je vais parler (2).

Le *Vicus albinensis* est connu soit par le camp retranché de 300 mètres de long sur 100 de large dans un marécage, soit par les inscriptions et colonnes conservées en dehors.

De même que selon les anciens Conciles, un évêque devait être établi dans chaque *civitas*, quelquefois aussi les *pagi minores* formèrent des divisions diocésaines sous le nom de *décanats*. Celui du *pagus albinensis* porta le titre de *Rumilly*, bourgade voisine, connue aussi par ses souvenirs romains, mais substituée à Albens, parce que celle-ci n'avait peut-être pas encore de paroisse après la destruction du *Vicus*. Toutefois le nom du *pagus* fut conservé sous la forme *Albenensis*, puis *Albanensis*; on dit également Rumilly en Albaneys.

L'autre *pagus minor* forma le décanat d'Annecy, du

---

(1) *Gazette archéologique* 1881. Héron de Villefosse. *Bulletin de la Société des Antiquaires de France*, 1883. *Revue Savoisienne*, 1868, p. 58.

(2) Ces aperçus recevront un développement historique dans mon étude sur *Les Origines d'Annecy*.

titre de la plus ancienne paroisse établie proche des ruines du *Vicus Bovis*, qui ne fut pas rétabli.

Les bords du lac frangés de lagunes, dont une arrivait au bas d'Annecy-le-Vieux, et une autre servait de dégorgement au lac, portèrent le nom d'*Anesy*, en celtique les *Iles*, comme on le dit encore aujourd'hui en Bretagne. Les ilots lacustres, dont on retrouve les pilotis, furent probablement détruits lors de ce passage des Barbares.

Les *curiæ* du *pagus* furent rétablis à la presqu'île d'Albigny, d'où encore le *pagus albinensis*. Mais le décanat fut affecté à la première église élevée sur le coteau voisin, avec des débris de monuments romains, aujourd'hui Annecy-le-Vieux. L'église de Gevrier, construite également avec des tronçons de monuments romains, fut aussi affectée au titre du décanat.

Les données qui précèdent constatent l'importance des deux décanats d'Annecy et de Rumilly dans l'ancien diocèse de Genève.

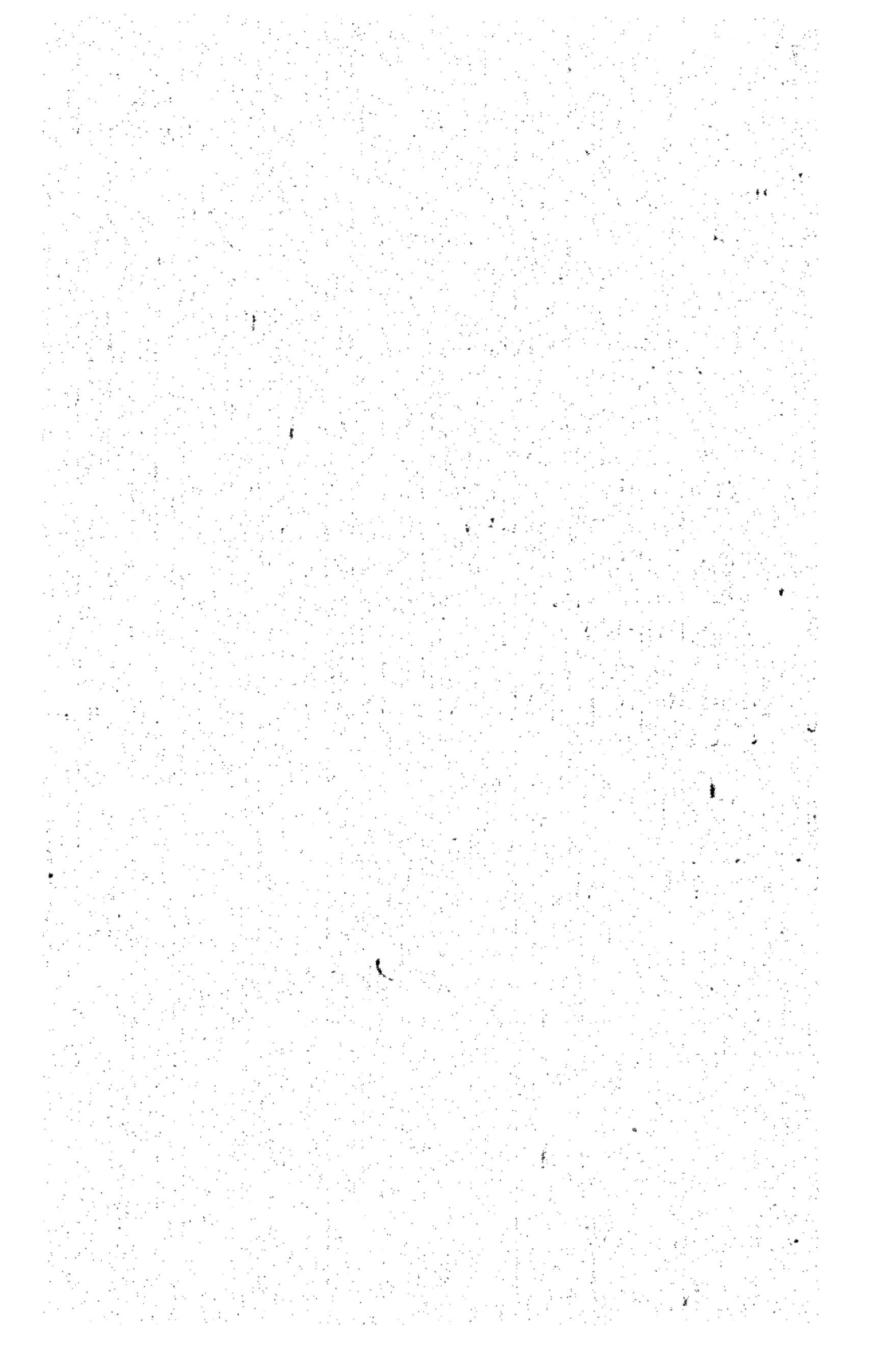

II

Le titre de *juge* donné aux évêques par Constantin, et celui de *défenseur des cités,* donné par Valentinien Ier, constituaient les Evêques comme autorités civiles dans l'Etat romain. Les droits comitaux de ceux de Genève étaient reconnus à l'époque de Rodolphe III, roi de Bourgogne, qui en accorda à tous leurs voisins. Les empereurs confirmèrent ces droits contre les prétentions des hauts seigneurs de la contrée, dont ils suspectaient la fidélité. Par la succession élective des évêques, ceux-ci étaient plus en leurs mains que des familles dynastiques, dont l'ambition et la résistance ne pouvaient que s'accroître par leurs alliances entre elles.

En 1078, Gui de Faucigny, évêque de Genève, fit à Aymon de Genève, son frère utérin, des concessions considérables de terres au préjudice des droits de l'église de Genève. Gui mourut en 1120. Son successeur, Humbert de Grammont, dut réclamer les droits aliénés injustement. Appuyé par le pape Callixte II, il amena le comte Aymon à signer le traité de Seyssel, 1124, en présence du métropolitain de Vienne, comme légat du Saint-Siège. L'évêque était reconnu comme le seigneur souverain de la ville et de tout le territoire de Genève, avec tous les droits inhérents, monnaie, justice, etc., qu'il tenait de l'Empereur. Le comte recevait de lui l'investiture du château de Genève à l'entrée du Bourg de four *(burgum de foris),* lui devait le stage et service de Cour, comme bon et fidèle avoué, et recevait une indemnité comme premier officier de son Gouvernement, *Drugeria*.

L'administration de la justice était aux mains du Corps de ville sous la direction de l'Évêque, et l'exécution aux mains du Comte, qui s'en déchargeait sur un Vidame, *vice dominus*, relevant également de l'évêque. En son absence c'était le châtelain, qui était ordinairement capitaine du château de Gaillard. L'évêque portait le titre de prince dès le rescrit de Frédéric Barberousse du 17 janvier 1153.

L'infraction à quelques clauses de ce traité amena des conflits et de nouvelles reconnaissances de la part des comtes genevois, notamment de la part d'Amédée, fils d'Aymon, le 22 février 1155 et 1162, ensuite d'un jugement de la Chambre impériale du 7 septembre ; puis encore de la part de son fils Guillaume Ier, en 1186, après avoir été mis au ban de l'Empire et avoir subi une sentence définitive du Métropolitain de Vienne, en 1188. Guillaume mourut à son château de Novel, au bas d'Annecy-le-Vieux, en 1195.

Désespérant de pouvoir jamais être les premiers à Genève, et blessés de n'y être que les seconds après l'évêque, les comtes de Genevois résidaient temporairement dans leurs différents châteaux, et guerroyaient un peu partout. Ils reconnaissaient tenir en fief de l'évêque le château de Genève, le château de l'Ile, ceux de Ballayson, de Ternier, de Rumilly en Albanais, de Montfalcon, des Echelles, les dépendances du château de Chatillon et de Faucigny, la pêche du Rhône et de l'Arve, etc. Ils reconnaissaient en faveur de l'abbaye d'Agaune les châteaux de Chaumont et de La Roche. Ils leur restaient ceux de Clermont, de la Balme-de-Sillingy, qui ne relevaient que de l'Empire germanique. Celui d'Annecy releva du Comte de Savoie.

Mais celui d'Annecy avait leur préférence. C'était une

ancienne villa royale donnée par Lothaire II à la reine
Thiedberge, en 867, par Rodolphe III à la reine Ermen-
garde en 1011. Ils trouvaient là et nulle part ailleurs un
lac et un cours d'eau, qui remplaçaient en miniature le
lac Léman et le cours du Rhône. Ils avaient ajouté quelques pièces d'habitation à la Tour de la Reine, qui n'était
qu'une prison d'Etat (1). Le palais de l'Ile allait remplacer
le château de l'Ile. Ils avaient tout intérêt à faire d'Annecy, où ils étaient les premiers, une petite rivale de
Genève, où ils n'étaient que les seconds.

Pour cela il fallait y attirer de l'industrie, du com-
merce. Les canaux de dégorgement du lac se couvrirent
de fabriques de coutellerie, d'armes, de tanneries, etc. Il
fallait assurer leur situation contre les réclamations féo-
dales ou les invasions du dehors. De là les franchises
municipales.

Il fallait aussi pourvoir au service religieux. Dans la
pénurie du clergé séculier, les religieux de Talloires furent
chargés par Gui, évêque de Genève, d'accord avec son père
le comte Aymon, des églises d'Annecy, soit celles d'Annecy-le-Vieux, du Château et de Notre-Dame de Liesse,
1107. On a vu plus haut le traité de Seyssel de 1124,
lequel resta comme le code politique entre l'évêque et le
comte, sanctionné par les empereurs d'Allemagne et les
souverains pontifes.

Huit ans après, 1132, la Chapelle de St-Maurice, élevée
sous le château d'Annecy pour le service de la population
qui se groupait au bas le long des rives du Thiou, fut
érigée en paroisse, séparée de celle d'Annecy-le-Vieux par
le chemin, qui des ruines de la *Curia* d'Albigny tendait à
travers le mas des Grandes Iles jusqu'au château de Novel, propriété des comtes; ce chemin fut appelé les *Gran-*

(1) *St-Maurice et la Légion thébéenne*, p. 201.

des fins. La division d'avec la paroisse de Gevrier prit également le nom de *Fins*, ou *Petites fins.* La consécration de la nouvelle église fut faite le 12 octobre 1132 par l'archevêque de Lyon, Hunibald, assisté de Humbert de Grammont, évêque de Genève.

Les comtes de Genevois s'étaient attribué naturellement l'avouerie des églises qu'ils fondaient. C'est ainsi que Guillaume Ier, dans une charte de fondation pour Talloires, se disait bon avoué des églises d'Annecy-le-Neuf et d'Annecy-le-Vieux, *Sicut comes et bonus advocatus in ecclesiis quæ sitæ sunt in Annessiaco novo et veteri,* 1192. Après trois ans de maladie à son château de Novel au bas d'Annecy-le-Vieux, il y mourait le 5 juillet 1195.

La résidence des comtes de Genève aux châteaux d'Annecy avec leur cour et leur magistrature sans contrôle de l'Evêque, ranimait leur esprit d'indépendance. Guillaume II reprit les hostilités contre son suzerain ecclésiastique.

Bernard de Chabert, ne pouvant lutter matériellement avec succès, fit comme les évêques de Lausanne et de Sion. Il appela, en 1211, à son secours Thomas de Savoie, comte de Maurienne, beau-frère du comte de Genève, parce qu'il avait épousé Béatrix, fille de Guillaume Ier. Il tenait déjà comme dot de son épouse plusieurs fiefs volants dans les vallées de Thônes, des Bornands et de Rumilly sous Cornillon. L'évêque en ajouta d'autres à titre de reconnaissance pour les services qu'il lui demandait. Telle fut l'origine des acquisitions de la maison de Savoie dans le Genevois, où elle ne fit que grandir. De sorte que, au lieu de deux litigeants, il y en eut trois. Pour prévenir les prétentions du dernier, l'évêque lui fit promettre de défendre l'église de Genève contre tout prétendant, de ne s'approprier et de ne recevoir aucune terre de ce domaine, de reconnaitre comme fief de l'Eglise celles qu'il avait déjà.

Le comte de Maurienne eut facilement raison du comte de Genève, malgré l'appui que ce dernier tirait du seigneur de Gex et du Dauphin de Vienne, son beau-frère. Le vainqueur garda ses prises sur le comte de Genève et reconnut les tenir de l'église de Genève, comme les avait précédemment le comte vaincu. Guillaume II reconnut enfin ses torts envers l'évêque Aymon de Granson, son cousin germain, par le traité de Desingy du 10 octobre 1219. L'évêque l'investit de nouveau des privilèges civils accordés à ses prédécesseurs, comme vassal de l'évêché.

Mais ces péripéties avaient affaibli la maison de Genève au profit de celle de Savoie, qui arrivait d'ailleurs par le Chablais, et allait se mettre en lutte par le Faucigny.

Nous avons dit que le séjour officiel et définitif de la maison de Genève à Annecy y motiva l'installation d'un juge, puis d'un juge-mage, duquel relevaient la jugerie d'Annecy et toutes les autres de son comté. On y trouve Pierre de Corsinge, juge en 1292, Jacques Exchaquet en 1293 ; Albert Richard en 1295, 1300, 1328 ; Jean de Vallières, 1329, 1334 ; Humbert de Vignola, 1336 ; Brutino de Brutinis, 1348, juge-mage en 1351 ; Antoine Cagnac, juge en 1349, juge-mage, 1369, 1374 ; Robert de Juria, juge, 1360, juge-mage, 1379 ; Guillaume de la Rochette, juge 1372 ; Jacques de Rognis, juge-mage 1387. Humbert Marchand lui succède dans la même année. Pierre Gillin, d'abord juge, puis juge-mage en 1395 ; François Marchand, juge-mage en 1396 ; François Soffred, juge-mage, 1397 à 1406, — je m'arrête là : Amédée VIII, comte de Savoie, venait d'acquérir le comté de Genevois en 1401.

III

Mais, à côté de cette magistrature officielle du comté de Genevois, il s'en était glissé une autre au service des comtes de Savoie, dont les possessions grandissaient à l'encontre de celles des comtes de Genevois. Remontons plus haut.

Humbert aux Blanches-Mains avait épousé Ancilie, fille du dernier comte du Vallais. Pour prévenir l'aliénation de ce comté, l'évêque de Sion l'avait obtenu de Rodolphe III, dernier roi de Bourgogne, en faveur de l'église et du diocèse de Sion, en 999. En compensation, Humbert reçut le comté du *Caput laci* (1), *Capolai* et Chablais, de l'empereur Conrad le Salique, dont il défendit avec tant de dévouement les droits contre ses compétiteurs au royaume de Bourgogne, 1034. Les terres de ce comté étaient répandues entre la Dranse de Thonon au sud-ouest, la Veveyse de Vevey au nord-ouest et la Morge sous Sion à l'est, mais en même temps enchevêtrées avec les possessions des comtes de Genevois, des évêques de Genève, de Lausanne et de Sion. Le centre militaire fut établi à Chillon par le comte Thomas de Savoie. En 1233, il fut adjugé à Aymon, puis à Amédée IV, qui porta le titre de duc de Chablais et d'Aoste dès 1238. Les possesseurs du Chablais tenaient un bailli ou gouverneur, un juge, un procureur fiscal. Leur juridiction s'étendait par l'Entremont jusqu'au Grand St-Bernard.

(1) Traduction de *penolucos*, nom de la station romaine, près Villeneuve.

Après la mort d'Amédée IV, en 1253, le duché passa à son frère Pierre, qui, par son mariage avec Agnès de Faucigny, en 1234, possédait ce fief, dont elle était unique héritière. En 1259, il acquérait par testament du 12 mai de son cousin Ebal, fils d'Humbert de Genève, tous les droits de cet Etat à l'encontre des héritiers de Guillaume IV, frère d'Humbert.

Comtes, puis ducs de l'ancien Chablais, les princes de Savoie tenaient au château de Chillon un bailli ou gouverneur, qui gérait en même temps les intérêts de leurs fiefs en Genevois. Les chartes que j'ai pu consulter nomment Humbert de Grammont, 1266, Aymon de Sallanches, 1267, Rodolphe de Sirjoud en 1276, Guillaume de Septeme de 1282 à 1292, Thomas de Conflans, 1296, Humbert de la Salle, 1300, Jacques du Quart, 1307 et 1308, Rodolphe de Montmayeur, de 1308 à 1312, Guillaume de Chatillon, 1315, Humbert de Chevron, 1319, Galois de la Balme, de 1320 à 1328, Aymon de Pont-Verre, 1350, Jean de la Chambre, 1351, François de la Serraz, 1352, 1353, Jean de Blonay, 1366 à 1368.

Il y avait également un juge portant le titre de juge du Chablais et du Genevois. Je trouve Jean Allavard, de 1272 à 1275, Jean de Rossillon, 1279, Guillaume Juvin, 1280, 1281, Rodolphe de Vevey, 1285, Gui des Portes, 1289, 1290, Gédéon d'Aiguebelle, 1296, Humbert de Sala, de 1301 à 1304, Pierre de Billiens, de 1308 à 1310, Pierre Sylvestre, 1312, Berlioz de la Marz, de 1320 à 1322, Jean de Mery, 1323, Jean Blanc de la Bottière, 1324, 1339, Jean de Montanges, de 1330 à 1335, Benoit Barthélemy, de 1340 à 1344, Jean Ravais, de 1344 à 1350, Jaques Rosset 1352, Bastian de Montjeu, 1353, Benoit Marchi, 1358. J'omets la liste des procureurs fiscaux.

Avec l'ancien Chablais, le Faucigny et une partie du

Genevois, la Maison de Savoie grandissait et menaçait définitivement celle de Genève, lorsque deux alliances vinrent introduire dans nos contrées un quatrième litigeant, le Dauphin de Vienne.

Beatrix de Savoie, fille de Pierre et d'Agnès de Faucigny, épousait, en 1242, Guigues VII, comte d'Albon, dauphin de Viennois, qui acquit ainsi le Faucigny et ses annexes à la mort de Pierre et d'Agnès, en 1268. Guigues VII mourut en 1269. Leur fils Jean mourut sans enfants à Bonneville en 1282, 24 septembre. Sa sœur Anne avait épousé, en 1273, Humbert de la Tour du Pin, qui devint ainsi dauphin, en 1282. Agnès de Faucigny mourut en 1310, mais après avoir légué le Faucigny à Hugues, fils d'Humbert, en janvier 1301.

D'autre part, la sœur d'Humbert, Marie de la Tour du Pin, fille d'Albert III, avait épousé son cousin Rodolphe, fils de Guillaume II de Genève et d'Alix de la Tour du Pin, sœur d'Albert III, en 1241.

Ces alliances fortifièrent un peu la Maison de Genève contre celle de Savoie ; mais elles apportèrent un nouvel élément de discordes entre tous les prétendants. Je passe outre à toutes les guerres qui s'en suivirent. Cet état de choses dura jusqu'en 1355. Je reviens à d'autres conflits entre les princes de Savoie et ceux de Genève.

IV

Pour faciliter l'expédition des affaires, souvent retardées par l'irrégularité de l'itinéraire du prince avec son conseil ambulant pour les Assises, Edouard de Savoie créa à Chambéry une Cour souveraine, que son frère Aymon organisa le 29 novembre 1329. Elle connaissait en appel de tous les territoires prétendus par le comte de Savoie, même en Genevois, dont le comte lui prêta hommage la même année.

Après la paix signée à Lyon le 27 mai 1334 entre le comte de Savoie et le Dauphin Viennois, et la restitution réciproque des fiefs contestés, Amé III, comte de Genevois, se rallia définitivement à Aymon de Savoie, et lui renouvela l'hommage prêté déjà en 1293 par Amé II. Aymon mourut le 24 juin 1343, après avoir institué le 11 juin pour héritier son fils aîné Amédée VI, surnommé plus tard le comte Vert, et, en cas de décès, son fils puîné Jean, qui mourut jeune, puis son cousin germain Louis II de Savoie, baron de Vaud, et enfin Amé III, comte de Genève. Par le même acte il avait établi tuteurs de son fils les mêmes Louis II de Savoie et Amé III de Genève, et en cas de prédécès, la tutelle intégrale restait au survivant. Elle dura du 24 juin 1343 jusqu'en 1350.

Dans l'intervalle, Humbert II, dernier Dauphin, ayant perdu son fils unique, et n'ayant pu oublier les rivalités avec la maison de Savoie, avait donné, en 1345, ses Etats du Dauphiné à Jean II, fils aîné du roi de France, à condition qu'il porterait le titre de Dauphin. Ayant perdu ensuite son épouse à Rhodes pendant une croisade, il donna l'investiture du Dauphiné à Charles V, fils aîné du roi Jean II, le 16 juillet 1349.

C'était un grave échec pour la Maison de Savoie, qui avait convoité le Dauphiné, et qui voyait la France pénétrer au cœur de ses Etats. Elle avait pu lutter avec les Dauphins, elle devenait inférieure au roi de France.

Profitant du désarroi qu'apportait cette cession à la politique de la Maison de Savoie, et s'appuyant du pouvoir et de la considération que lui donnait la tutelle d'Amédée VI dans les Etats de son mineur, Amé III de Genève chercha à se soustraire à la juridiction de la Cour souveraine de Chambéry, à laquelle ressortissaient les fiefs genevois dont il avait fait hommage à Aymon, et institua un juge-commissaire chargé de recevoir en appel les causes passées devant les juges du Genevois. L'existence de ce magistrat nous est révélée par l'acte suivant.

Brutin de Brutiniis, juge du Genevois, avait porté, le 7 août 1349, une sentence en faveur des familles Mandallaz et Cuvat contre la famille Renguis. Celle-ci en appela, et Jean de l'Orme, juge-commissaire du prince Amé III, séant à sa maison d'habitation à Rumilly en Albaneys, confirma cette sentence, le 24 octobre 1349. Le 7 novembre suivant, les parties intéressées requéraient le châtelain d'Annecy de la faire exécuter.

L'installation de cette magistrature à Rumilly ne peut s'expliquer que par les souvenirs du *Pagus albanensis*, dont Rumilly était resté le centre officiel et qui avait compris autrefois le bassin d'Annecy. Amé III ne s'en tint pas là.

A l'imitation du comte Aymon de Savoie, il avait encore institué à Annecy un Conseil souverain de finances et de justice. L'existence de cette magistrature nous est connue par un ordre émané d'elle, du 16 janvier 1337, aux juges et châtelains du Genevois (1) et par un procès de noble Pierre de Chatillon, vassal du comte de Genève pour le château de Corsinges, et du comte de Savoie pour le château d'Allaman à Lugrin. Le châtelain de Genève essaya de soustraire la cause pendante au Conseil souverain de Chambéry pour la porter au Conseil résidant à Annecy. Le juge-mage du Genevois à Annecy, François Marchiand, avait même outrepassé ses pouvoirs en nommant et faisant installer par le châtelain de Gaillard un châtelain à Corsinges, que Pierre de Chatillon avait seul le droit de choisir, 1344-1355.

On le voit, les conflits de juridiction ne manquaient pas au milieu de cet enchevêtrement de fiefs relevant de deux ou trois suzerains.

Le Conseil souverain de Chambéry avait l'œil sur les empiétements et sur les tendances du comte de Genève, qui escomptait peut-être ses droits éventuels sur les Etats de Savoie. Une occasion se présenta pour y mettre un arrêt.

Louis II de Savoie, baron de Vaud, mourut en 1350. La tutelle devait rester tout entière au comte de Genève. Mais, les Etats de Savoie nommèrent un nouveau tuteur, Guillaume de la Baume. Amé III se retira sans manifester de mécontentement et ne cessa d'être utile encore, quand on recourut à son intervention. Mais son prestige diminua dans le comté de Genevois.

----

(1) *Société d'Histoire et d'Archéologie de Genève* XVIII. 144.

V

En 1349, le dernier Dauphin Viennois avait renouvelé toutes les franchises de ses Etats de Dauphiné et de Savoie (1). Le premier dauphin français avait dû les jurer solennellement en 1350, et son lieutenant en Savoie, en 1353. La possession du Faucigny et de Beaufort ouvrait à la France une porte sur le duché d'Aoste et la haute Italie, par les cols du Bonhomme, du Cormet et de la Seigne. Il était urgent de sortir de cette situation et d'écarter ce danger.

La victoire des Abrets par Amédée VI, le besoin de celui-ci pour la guerre contre les Anglais déterminèrent le roi de France à accéder aux propositions du comte de Savoie. Le Guiers et le Rhône furent choisis pour limites entre le Dauphin qui acquérait les terres du comte de Savoie en Dauphiné, et le comte de Savoie qui acquérait Gex et les terres du Dauphin en Savoie. Acte à Paris le 5 janvier 1354. Cet échange fut sanctionné par le mariage d'Amédée VI avec Bonne de Bourbon.

Mais les habitants d'Hermance, du Faucigny et de Beaufort, heureux des franchises sous lesquelles ils vivaient, refusèrent de changer de maitre. et appuyés ouvertement par le comte de Genevois, résistèrent victorieusement à l'armée du comte de Savoie, qui avait fait le blocus du pays. Seul le château d'Hermance put être pris au commencement de juin 1355. La noblesse et les villes durent fournir

(1) Copie authentique dans ma collection.

de nouveaux renforts pour une seconde expédition, qui ne réussit que grâce à un stratagème. A cette époque, les corps armés n'ayant pas de costumes nationaux, ne se distinguaient que par les bannières. C'est en déployant des bannières aux armes delphinales que les corps de Savoie purent pénétrer dans les villes principales et s'y maintenir avec l'appui du dehors (1). La remise officielle des territoires et la prestation du serment de fidélité par tous les chefs de famille eurent lieu successivement dans chaque mandement, en juillet 1355 (2).

L'acquisition du Faucigny n'était pas complète. Il y manquait les mandements de Chamonix, de Montjoie, de Charousse, etc., qui étaient revenus au Genevois, après en avoir été distraits comme le reste par des successions (3). Toutefois, elle donnait au comte de Savoie, allié du roi de France, une prépondérance menaçante contre le comte de Genevois.

Mais, celui-ci n'avait pas perdu son temps. Il avait obtenu de l'empereur Charles IV, par bulle du 21 août 1355, le droit de battre monnaie dans tout son comté. L'atelier fut ouvert l'année suivante à Annecy, au palais de l'Isle, élevé dans une île en forme de navire au milieu de la rivière du Thiou, qui sert de dégorgement au lac. L'histoire et les travaux de cet établissement ont été publiés par M. Eugène de Molé dans les *Mémoires de la Société d'Histoire et d'Archéologie de Genève* XXII.

Ne connaissant pas ce privilège, l'évêque de Genève fit opposition le 17 août 1356, et le chapitre le 23 septembre suivant. Le comte de Genève s'en plaignit au Pape Inno-

(1) *Académie de Savoie*, 2ᵉ série, ɪ. p. 192.

(2) *Archives delphinales*. Extraits dans ma collection.

(3) *La Vallée de Beaufort au moyen-âge*, p. 12.

cent IV, lequel admonesta l'évêque et le cita à comparaître à Avignon.

Le comte de Savoie, vexé de cette concession, s'en plaignit à l'Empereur, qui, pour ne pas se déjuger, par bulle du 5 mai 1350, réduisit ce droit à la vie durant d'Amé III. Ce qui n'empêcha pas son fils Amé IV d'en user, quand même, après la mort de son père, 1367, en attendant la confirmation personnelle du même droit, le 10 février 1369.

Amédée VI, comte de Savoie, devenu majeur, contestait à son ancien tuteur : 1º le droit d'instituer un juge d'appel, prétendant que le comté de Genevois relevait du comté de Savoie, surtout pour les dernières acquisitions faites des Dauphins Viennois et des anciens droits obtenus des Empereurs ; 2º le droit de battre monnaie, qu'il avait déféré à l'Empereur ; 3º réclamait dudit comte les frais de la guerre qu'il avait dû soutenir pour récupérer le Faucigny et ses annexes, guerre dans laquelle le comte de Genève avait trempé en soutenant la révolte des habitants, et, en attendant, il occupa le château de Charousse, relevant du Genevois, bien qu'enclavé dans le Faucigny.

Othon de Granson, choisi pour médiateur, n'ayant pu les accorder, décida, le 25 juillet 1358, que le comte de Savoie choisirait trois experts, et le comte de Genevois deux, pour une séance à tenir le mardi 31 juillet, dans laquelle un arbitrage déciderait des questions, et, en cas de divergence, on appellerait comme arbitre suprême, Jean de Bertrand, archevêque de Tarentaise, et, en cas d'impossibilité, son parent Bertrand de Bertrand, prieur du Chapitre régulier de la Tarentaise.

On ne peut s'expliquer cette inégalité du nombre d'experts. Quant à la prépondérance attribuée à Jean de Bertrand, quelque confiance qu'on eut en son indépendance, après son procès de Salins, qui lui avait coûté 3000 florins d'or payés au comte de Savoie, celui-ci en eut bien vite raison en le nommant deux jours après, c'est-à-dire le 27 juillet 1358, membre de son Conseil résidant.

Le comte de Genève choisit pour ses tenants Antoine Cagnac, juge du Genevois, et Pierre de Bignins, jurisconsulte ; acte au château d'Annecy. Le comte de Savoie choisit Jean Ravais, chancelier de Savoie, Hugues Bernard et Girard d'Estres, docteur ès lois ; acte au Bourget.

La réunion eut lieu mardi, 31 juillet 1358 à Chambéry, à l'instance de Pierre de Montmélian, procureur du comte de Savoie, et Jean de l'Orme, procureur de celui de Genevois.

Le premier requit que le comte de Genevois prêtat au comte de Savoie, acquéreur de toutes les possessions du Dauphin en Savoie, l'hommage qu'il devait précédemment au Dauphin pour ses terres du Genevois, ajoutant que d'ailleurs le comté de Genevois était enclavé dans le comté de Savoie, de qui relevaient tous les appels par privilège impérial, et surtout le droit de battre monnaie.

La prononciation de la sentence fut renvoyée au jeudi, 2 août.

L'archevêque de Tarentaise déclara 1° que toutes les terres que possédait le comte de Genevois dans son comté et qui ne relevaient pas d'autres suzerains, étaient des fiefs du comté de Savoie ;

2° Quant au ressort judiciaire et au droit de second appel, le comte de Genève en était exempt ; le comte de Savoie n'ayant sur lui que les droits de Suzerain sur son vassal ;

3° Quant à la monnaie, le comte de Genève en a reçu le droit de l'empereur Charles IV.

Séance tenante, Jean de l'Orme fit opposition à cette sentence dans tout ce qu'elle avait de contraire aux droits du comte de Genève, et interjeta appel à l'Empereur ou à la Chambre aulique. L'acte d'appel fut enregistré par les quatre notaires. L'archevêque président donna acte de cet appel à Cléry, le 8 août, en présence des témoins.

Le 26 septembre, le comte de Savoie intima au comte de Genève l'ordre d'exécuter la sentence du 2 août dans la quinzaine après cette signification. Acte à St-Genis d'Aoste, en Conseil.

Enfin, le 21 décembre suivant, des médiateurs amenèrent une transaction entre les deux comtes : 1o Celui de Genève reconnaissait tenir de celui de Savoie les châteaux de Clermont, d'Annecy, de Duingt, de Gruffy, de La Roche, d'Arlod, de Châtel, de la Bathie (Balme-de-Sillingy), de Galliard, la ville de Thônes et les terres qui ne relevaient d'aucun autre suzerain ; puis les hommages que lui devaient les seigneurs de Menthon, de Compey, de Pontverre, sauf ce qu'il devait à l'empereur et à l'évêque de Genève ;

2o Le comte de Savoie acquitte celui de Genève des frais réclamés pour la guerre précitée et lui rend le château de Charousse ;

3o Ils annulent la sentence de l'archevêque de Tarentaise. Acte à Genève le 21 décembre 1358.

Cette transaction avait été subie par le comte de Genève. Pour s'en relever, il recourut à l'Empereur, qui, par bulles du 10 février 1360, données à Luques, le nomma vassal immédiat de l'Empire avec tout son comté, et l'exempta de toute juridiction du Vicaire impérial.

C'est ensuite de ces deux bulles que le comte de Genève accorda à ses monnayeurs les mêmes privilèges que Philippe VI de Valois avait octroyés à ceux de France en 1337. Acte à Annecy, le 13 juin 1360, en Conseil.

Lorsque le comte de Savoie institua l'Ordre du Collier, en 1362, dans l'église de la Chartreuse de Pierre-Châtel, Amé III, comte de Genève, y eut le premier rang après le fondateur.

L'empereur Charles IV, passant à Chambéry pour aller voir le pape à Avignon, le comte de Savoie le reçut avec magnificence, et en reçut le vicariat de l'Empire sur tous les vassaux civils et ecclésiastiques, mai 1365. La cité de Genève y était comprise. Et, pour faire accepter cette clause contraire au texte des bulles précédentes qui plaçaient Genève parmi les villes impériales, exemptes de toute autre juridiction, l'Empereur, toujours sur les instances du comte de Savoie, érigeait à Genève une université dont le prince de Savoie serait conservateur, 7 juin 1365.

Mais ni l'évêque, ni la ville, ni le comte ne voulurent accepter cette fondation sous le protectorat de Savoie. Ils se réclamèrent de leurs anciens privilèges. La même répulsion contre le vicariat se manifesta dans les provinces ecclésiastiques de Vienne et d'Arles. Ce titre fut donc retiré au comte de Savoie par l'Empereur, le 13 septembre 1366. Le comte de Savoie insista pour une nouvelle investiture, qui lui fut accordée le 30 décembre, mais modifiée le 25 février 1367, sur les représentations de l'évêque, de telle sorte que les droits de la ville et du diocèse de Genève demeuraient intacts.

Le comte de Savoie, continuant à s'emparer des droits de l'église de Genève, le pape Urbain V l'invita à la restitution, attendu l'exception faite au titre de Vicaire de l'Empire, par bulle du 30 août 1368 et 21 décembre 1369. Grégoire XI revint à la charge le 23 mai 1371. Enfin le comte de Savoie, par patentes données à Thonon, le 25 juin suivant, restitua à l'église de Genève tous les droits usurpés. Cet acte fut rendu public à Genève, le premier novembre 1371.

Dès lors les évêques de Genève eurent soin de ne laisser séjourner les comtes de Savoie à Genève que sur leur permission, selon les chartes de 1124 et 1155.

VI

Amé III de Genève était mort en 1367. Son fils aîné Aymon était mort avant lui, le 10 octobre 1366, à Callocastro en Grèce (1). Amé IV succéda et mourut à Paris le 19 janvier 1370. Son frère Jean ou Janus décéda en 1371. Pierre lui succéda, fit hommage au comte de Savoie, 1385, maintint à Annecy son conseil de Finances et de Justice, comme on le voit dans un procès de 1387. C'est pendant ce règne qu'Adhémar Fabri, évêque de Genève, renouvela les franchises de la cité le 23 mai 1387. N'ayant pas d'héritier direct, Pierre de Genève, par son testament du 24 mars 1392, avait institué pour héritier Humbert VIII, fils d'Humbert VII de Thoire de Villars et de Marie de Genève, sa sœur aînée, et, à défaut de descendants mâles et légitimes, il avait substitué les enfants de sa sœur Catherine, qui avait épousé, en 1380, Amé de Savoie, fils de Jacques d'Achaïe, comte de Piémont.

Mais Robert de Genève, le dernier fils d'Amé III, alors antipape sous le nom de Clément VII, dès le 20 septembre 1378, revendiqua ses droits à la succession. Son neveu Humbert de Thoire de Villars les reconnut à la condition de lui succéder. Et c'est dans ce sens que Marguerite de Joinville, veuve de Pierre de Genève, consentit à une transaction avec Clément VII, comme frère et héritier de Pierre, le 24 juin 1392 (2). Cet antipape fit, en effet, des

(1) *Revue savoisienne* 1879, p. 17-32-33.
(2) Pierre avait épousé, le 2 mai 1374, Marguerite, fille d'Henri de Joinville, comte de Vaudemont, et de Marie de Luxembourg. Son douaire avait été assigné aux châteaux de Rumilly-sous-Cornillon, de La Roche et de Ballaison.

actes de souveraineté, entre autres, le 12 février 1393, il transigea avec Girard de Ternier et lui hypothéqua le château de Galliard pour 10,000 florins d'or (1). Cette hypothèque fut confirmée par Bonne de Bourbon, aïeule et tutrice d'Amédée VIII de Savoie, le 5 juin 1393. Le 16 août même année, Nicolas de Hauteville, bailli du Genevois, mettait Girard de Ternier en possession du château de Galliard, au nom de Clément VII, malgré les réclamations de l'évêque de Genève, de qui relevait le château de Galliard.

L'approbation de la Régente portait une condition que Clément VII ne refusa pas, celle de l'hommage de son comté, qu'il prêta au comte de Savoie, en mars 1394, par procureur, toutefois, eu égard à sa dignité pontificale. Enfin, ce pape problématique mourut presque subitement la nuit du 16 au 17 septembre 1394.

Le Conseil souverain de Savoie fit saisir, au nom du comte, le 26 novembre 1394, le comté de Genevois, vacant, dit l'acte, par le décès du comte Pierre, et prétendu par Humbert de Thoire de Villars. On n'y tient pas compte du règne de Clément VII. Mais, au mois d'août 1395, Amédée VIII, assisté de sa tutrice et de son Conseil, fit saisir légalement le comté de Genevois, vacant par la mort de Pierre et de Robert (Clément VII), derniers héritiers mâles du comté. Il admettait donc la possession de Clément VII parce qu'il en avait reçu l'hommage. Moyennant pareil hommage, il donna, le 7 décembre 1395, main-levée à Humbert VIII de Thoire de Villars pour la possession du comté jusqu'à Pâques, 2 avril 1396.

Peu rassuré par ce précaire, Humbert fit hommage à l'empereur et en reçut l'investiture du comté. Il résidait

(1) Catherine de Montagut, femme de Girard de Ternier, était proche parente du comte de Vaudemont.

au château d'Annecy, où on le trouve en avril 1396 passant un acte d'affranchissement en faveur de Pierre de La Chaux, de Thiollaz, et le 12 mars 1398, donnant quittance à François de Grésy, pour la transaction que ce dernier avait faite avec Pierre, comte de Genevois, le 11 novembre 1387, pour les châteaux de Cessens, de Grésy, de Montrottier et de Choisy.

Quant au juge d'appel de Rumilly, il subsistait toujours, malgré les réclamations du gouvernement de Savoie. Robert de Juria, que nous avons vu juge du Genevois de 1367 à 1378, était juge-mage en 1379, à Annecy. Le 17 février 1397, il siégeait à Rumilly, réformant en appel une sentence du juge-mage d'Annecy du 23 décembre 1395 (1).

Sous prétexte de faire juger ses vassaux et tenanciers, la Cour de Savoie essayait quelquefois d'installer à Genève un Conseil judiciaire. Mais, à chaque tentative, il fallut reconnaître que c'était par concession de l'évêque qui en assignait le terme. Deux fois Amédée VIII dut en faire l'aveu officiel, le 26 avril 1391 et le 9 novembre 1398, à Genève, assisté de son Conseil.

Devenu prince de l'Empire, Humbert s'était avisé d'aliéner le château de Ternier, sans tenir compte des droits de l'évêque. Celui-ci fit confisquer le château en 1398, en présence de Mathilde de Boulogne, veuve douairière d'Amé III, et de sa fille Blanche, épouse du comte de Châlons-Arlay. Girard de Ternier dut lui prêter hommage pour garder son acquisition.

Sans enfants de Louise de Poitiers, Humbert mourait en mars 1400, laissant son comté de Genevois à Eudes ou-

(1) *Archives départementales. Robertus de Juria judex generalis causarum appellationum comitatus gebennensis*, etc.

Odon de Villars, son oncle. Pour prévenir toute surprise, l'évêque de Genève obtint de l'empereur Venceslas une nouvelle confirmation des priviléges antiques de son Eglise et l'exemption de toute juridiction du Vicaire de l'Empire, même du comte de Savoie. Acte à Prague, le 22 juin 1400.

VII

Le nouveau comte de Genevois avait été gouverneur du jeune Amédée VIII, sous la tutelle de son aïeule, Bonne de Bourbon. Il rencontra les prétentions de son élève, de la maison de Joinville, de Blanche et Catherine de Genève, filles d'Amé III, et même de la branche illégitime des Genève-Lullin sur quelques parties du Genevois. On dut ouvrir à Bourg-en-Bresse des conférences, qui se terminèrent à Paris, à l'occasion du mariage d'Amédée VIII avec Marie de Bourgogne. Par acte du 5 août 1401 à l'Hôtel de Nesle, Odon cédait à Amédée VIII tous ses droits sur le Genevois en échange des terres du comte de Savoie en Val-Romey, etc., et d'une plus-value de 45,000 francs d'or.

Aussitôt après les fêtes de son mariage avec Marie de Bourgogne, Amédée VIII députa Mgr Savin de Floran, évêque de Maurienne, pour réorganiser l'administration du comté de Genevois et faire réparer le château d'Annecy 1403 (1). Mais le plus grand obstacle qu'il rencontra fut l'opposition des vassaux et tenanciers à le reconnaître pour suzerain. Convoqués au château d'Annecy pour le 20 février 1405, au nombre de 45, ce ne fut que le 24 et après de longues discussions qu'ils passèrent l'acte de reconnaissance (1). Le 1er octobre suivant, l'évêque de Genève lui céda le château de Ternier, mais à condition de reconnaître le tenir de l'église de Genève, ainsi que tous les autres

(1) Besson, *Mémoires*. 298.
(1) *Revue savoisienne* 1860. 5.

droits anciens (1). Le 12 août 1412, il en racheta le domaine utile de Girard de Ternier. Le 25 juin 1411, il racheta le domaine de Marguerite de Joinville, d'Antoine fils de Ferry de Lorraine, son second mari, soit Rumilly-sous-Cornillon, La Roche et Ballaison (2).

Il prétendait exercer les droits de Vicaire de l'Empire. L'empereur Sigismond lui rappela que ce titre, révoqué déjà à son aïeul, ne se donnait que personnellement, et lui en défendit l'exercice, 20 décembre 1412.

Le 13 septembre 1414, il put occuper les terres de Montréal, Albens, Matafelon, Apremont, St-Martin-du-Fresne, Nantua et Montagut, formant la dot de Marie de Bourgogne.

Galeas Visconti avait reçu de l'empereur Venceslas le titre de duc de Milan ; Amédée sollicita le même honneur de l'empereur Sigismond, qui le lui promit à Lyon lors de son retour de Rossillon. Reparti pour Paris il passa à Chambéry, où il investit Amédée VIII du titre de duc de Savoie, le 19 février 1416, au milieu de fêtes splendides. C'est nanti de ce titre qu'il put régler, le 11 janvier et le 3 décembre 1417, les droits de Catherine de Genève, épouse d'Amédée de Savoie-Achaïe, dévolus à leurs filles, Melchide, femme de Louis de Bavière, et Marguerite, femme du marquis de Montferrat.

L'investiture des Etats de Savoie en duché ne comprenait pas le comté de Genevois. Amédée VIII tenta d'en acquérir le domaine direct, lorsqu'il accompagna à Genève le pape Martin V, qui, revenant du Concile de Constance, s'arrêta à Genève avec quinze cardinaux pendant près de trois mois et n'en partit que le 3 septembre 1418. C'est pendant ce séjour qu'il prépara les bases d'un projet qu'il présenta au souverain pontife au commencement de 1419.

(1) Spon, *Preuves.*
(2. *Revue savoisienne* 1879, p. 17. 32.

Il s'agissait pour l'évêque de céder ses droits sur Genève, dont le duc avait déjà le vidomat, pour une somme considérable. Le pape renvoya la question à l'évêque de Genève, et à l'avis des évêques de Grenoble et de Mâcon pour le voisinage. L'évêque en fit part au grand Conseil de ville, qui refusa énergiquement et protesta vouloir rester toujours sous le gouvernement de l'Eglise de Genève. Il s'en suivit un acte collectif de rénovation de l'union antique entre l'évêque, le chapitre et les chefs de famille au nombre de 127, le 19 mai 1420. Ce fut une grande réjouissance dans la ville (1). L'Empereur ratifia cet acte et l'autonomie de la ville, comme membre de l'Empire, le 6 juin 1421.

Désespérant de faire de Genève sa Capitale, avec la perspective de la Bourgogne, Amédée VIII recourut de nouveau à l'Empereur. Enfin, le Conseil aulique lui reconnut le titre de comte de Genevois dans les conditions précédentes, et l'Empereur lui en donna l'investiture solennelle à Nuremberg, le 25 août 1422, aux personnes de Pierre Marchiand et Jean Mareschal.

C'est après cet acte seulement qu'il put désintéresser, le 25 juin 1424, les héritiers de Blanche de Genève, fille d'Amé III, laquelle avait épousé Hugues de Châlons-Arlay, bénéficiaires encore par alliance des droits de Jeanne de Genève, épouse de Raymond de Baux, prince d'Orange.

---

(1) Spon, *Histoire de Genève*.

VIII

Maitre enfin du Genevois, Amédée VIII en donna le titre à son fils Louis, qui était né à Genève en 1413. Lorsqu'il se fut retiré à Ripaille et qu'il eut donné la lieutenance de ses Etats à Louis, devenu prince de Piémont, il donna le titre de comte de Genevois à son autre fils Philippe, 1434, 7 novembre. Après qu'il eut accepté le pontificat, auquel l'avait appelé le Concile de Bâle, il fit son testament le 6 décembre 1439, et institua pour héritier universel du Duché, etc., Louis, son fils ainé, puis, sous le domaine souverain de celui-ci, il légua à Philippe le comté de Genevois, moins Rumilly en Albanais, Bailaison, Troche, Galliard, Ternier, les péages de Pont-d'Arve, de Genève, de Viry, et les hommages des mandements de Sallenôve et d'Hauteville. Il ajouta à ce legs la baronie de Faucigny avec le mandement de Beaufort, sauf le château de La Salle, inféodé à Jean de Beaufort, chancelier de Savoie, et le mandement d'Hermance réservé au Duc. En compensation des réserves, il donne encore à Philippe les mandements de Faverges, de Grésy, de Cessens, d'Arlod, de Châtel, de Verboux, de Monthoux, d'Ugine et enfin de Gordans dans la Valbonne, le tout avec retour au Duc, en cas de manque de postérité.

Il lui concéda le droit d'un conseil présidial, recevant les appellations des judicatures inférieures, et duquel on pourrait appeler au Conseil résidant avec le duc. Il lui interdit le droit de battre monnaie.

Le prince Philippe fut investi de son apanage le 6 janvier 1440, et dans l'année il en tint les Etats généraux.

Après sa mort en 1444, Louis II, fils du duc Louis Iᵉʳ, reçut le titre et l'apanage du Genevois, qu'il dut échanger, en 1459, contre le titre de prince d'Antioche, par son mariage avec Charlotte de Lusignan.

Selon l'institution de cet apanage, le magistrat d'appel de Rumilly avait été transformé en un Conseil de justice, qui y fut maintenu, bien que ce mandement ne fit point partie de l'apanage. Mais il était mieux sous la main du Duc. Dans le renouvellement des franchises de Faverges, en 1456, par le duc Louis, en présence de son fils Louis II, comte de Genevois, il les recommande aux *consiliis nobiscum et Rumiliaci residentibus.* Quelquefois même ce Conseil était presque unifié avec celui de Chambéry. C'est ainsi que, dans un acte du 5 octobre 1457, on voit parmi les témoins *G. de Nores préside Chamberiaci et Gebenesii* (1).

Nous trouvons une sentence du Conseil du Genevois du 18 janvier 1442 sur les limites de la terre de Gruffy. Nous ne doutons pas que ce soit celui de Rumilly. Il suffisait bien d'un juge-mage du Genevois résidant à Annecy, et recevant déjà l'appel des jugeries inférieures. Il y avait encore une chambre des Comptes avec trésorier, receveur, auditeurs.

(1) Guichenon, *Preuves*, IV. 362.

IX

Janus de Savoie, autre fils de Louis 1er, eut l'apanage du Genevois dès le 26 février 1468 jusqu'à sa mort, à Genève, le 21 décembre 1491. Il y eut alors une vacance.

Philippe, fils de Philippe II (Sans Terre), élu évêque de Genève par le Chapitre, donna sa démission le 24 juin 1510, en faveur de Charles de Seyssel, déjà élu précédemment par le Chapitre, il reçut le même jour à Annecy de son frère Charles III, duc de Savoie, le titre de comte de Genevois. Trois jours après, ils allèrent tous les deux se faire reconnaître à Genève, l'un comme évêque, l'autre comme comte. Ce dernier figure en cette qualité dans une concession de terre par son frère à la famille de Luxembourg de Martigues, le 22 février 1513, et, le 10 octobre suivant, à la promulgation d'un supplément des *Statuta sabaudiæ* à Annecy par le duc Charles III. Parmi les témoins on voit Antoine de Gingins de Divone, président sans autre indication, Louis de Dérée, président de Savoie (des Comptes probablement), Bernardin Parpallia, président du Piémont, Angelon de Provana, président patrimonial, Angelon de Pontverre, président du Genevois (des Comptes), Pierre Favre, juge du Chablais, Jean Maréchal, juge de Savoie, Claude Pougny, juge du Faucigny. Jean-Louis Luiset, juge du Bugey, etc. Nous pensons que le seigneur de Divonne était président du Conseil de Justice du Genevois, résidant à Rumilly ou à Annecy.

L'année suivante, Charles III alla à Rumilly le 14 juin,

veille de la Fête-Dieu. On le reçut au milieu des illuminations ; le feu prit à la ville qui fut réduite en cendres.

Sur les réclamations de Philippe, comte de Genevois, de l'infériorité de sa situation à celles des princes de sa famille comtes de Genevois et apanagés du Comté, le duc Charles III, au château de Chambéry, par acte public du 14 août 1514, en présence d'une Cour nombreuse, inféoda à son frère Philippe le comté de Genevois avec les baronies de Faucigny, Beaufort, etc., avec les mêmes réserves et dans les mêmes conditions du testament d'Amédée VIII, le 6 décembre 1439, en faveur de son fils Philippe, et des inféodations suivantes en faveur de Louis II et de Janus de Savoie.

Outre la Chambre des Comptes, un Conseil présidial de Justice devait recevoir en appel des jugeries inférieures, et, selon les causes, on pourrait appeler de ses décisions au Conseil souverain de Chambéry. Ces deux magistratures siègeront parallèlement à Annecy.

Selon le principe établi par Amédée VIII, Charles III avait enserré l'apanage d'un cercle de fiefs restant à la couronne pour ôter à l'apanagé toute tentative d'indépendance. La précaution n'était pas inutile, comme on le vit plus tard.

Dès 1520, Philippe avait été appelé à la cour de l'empereur Charles V. Mais sa sœur Louise de Savoie, mère de François Ier, sut l'attirer en France, et lui fit épouser sa parente Charlotte, fille de Louis d'Orléans de Longueville, le 17 septembre 1528, avec cession du duché de Nemours. François Ier sanctionna toutes les combinaisons en investissant Philippe du duché de Nemours, le 22 décembre 1528. Il s'attachait ainsi cette branche cadette de Savoie, au moment où la branche aînée allait perdre Genève par une révolution qu'il fomentait secrètement. J'ai raconté ailleurs les funestes conséquences de cette alliance pour la Maison de Savoie (1).

Après l'incendie de 1514, Rumilly s'était relevée, grâces aux générosités du duc de Savoie. Elle demeurait encore la ville la plus importante après Annecy. Lors de la Révolution de Genève, le Chapitre cathédral de cette ville dut en sortir le 10 août 1535. Comme il y avait déjà à Annecy deux autres Chapitres, celui du St-Sépulcre, régulier, et celui de la Collégiale de Notre-Dame-de-Liesse, séculier, les chanoines de Genève se retirèrent à Rumilly, où ils officièrent à l'église de Ste-Agathe. Mais les mouvements de troupes en ces temps de guerre, les forcèrent à venir, en février 1536, à Annecy, où ils officièrent à l'église paroissiale de St-Maurice-sous-le-Château. La nouvelle église de St-François-des-Cordeliers ayant été achevée et consacrée le 12 octobre 1537, ils y vinrent d'accord avec le fondateur, Pierre de Lambert, évêque de Caserte, un de leurs confrères, et y furent installés à la fête de Noël, 25 décembre 1537, qui y fut célébrée par Sébastien de Montfalcon, évêque fugitif de Lausanne.

Le Chapitre collégial des Macchabés avait dû quitter aussi Genève, mais plus tard. Il vint également à Rumilly et officia à l'église paroissiale. Les mêmes inconvénients les amenèrent à Annecy, où ils officièrent à l'ancienne chapelle des Cordeliers.

---

(1) *Annecy et les Genevois-Nemours. Revue savoisienne* 1873, page 20. — 1877, page 89.

TABLE

191

www.ingramcontent.com/pod-product-compliance
Lightning Source LLC
LaVergne TN
LVHW022155080426
835511LV00008B/1412